INTO THE VALLEY OF THE LILIES...

English and Hungarian

WRITTEN AND ILLUSTRATED
BY GABRIELLA EVA NAGY

Copyright© 2014 Gabriella Eva Nagy
Illustrated by Gabriella Eva Nagy
2nd Edition, Hungarian version.
All rights reserved.

No part of this book may be reproduced in any manner without the written consent of the publisher except for brief excerpts in critical reviews or articles.

ISBN 13: 978-1-61244-170-2

Printed in the United States of America

Published by Halo Publishing International
1100 NW Loop 410
Suite 700 - 176
San Antonio, Texas 78213
Toll Free 1-877-705-9647
www.halopublishing.com
www.holapublishing.com
e-mail: contact@halopublishing.com

My deep and sincere gratitude for God,
for the inspiration and the dream to come true,
and all my family and friends for their love,
support, and encouragements.

Into the Valley of the Lilies where flowers bloom,
red, yellow, pink, violet, and white,

*A Liliomok Völgyébe, ahol virágok nyílnak,
piros, sárga, rózsaszín, lila, és fehér,*

where ladybugs play,

ahol katicák játszanak,

butterflies dance,

pillangók táncolnak,

and bees make honeycombs,

méhecskék mézet készítenek,

where clouds look like marshmallows
floating on the sky,

*ahol a felhők vattacukorként
úsznak az égbolton,*

where the rainbow shapes like a candy cane,

ahol a szivárvány gumicukorként görbül,

and dragonflies lit up the summer nights,

és szitakötők fénylik be a nyári éjszakát,

where the sweet scent of lilies lingers,
and a gentle breeze ripples the spring,

*ahol a liliomok édes illata terjed,
és egy könnyű fuvallat a forrás vizét fodrozza,*

and where crickets chirp a lullaby song,

ahol a tücskök éji zenét ciripelnek,

there is where I long to go,
into the Valley of the Lilies.

*ide, erre a helyre vágyom,
a Liliomok Völgyébe.*

The end.

Vége

www.ingramcontent.com/pod-product-compliance
Lightning Source LLC
Chambersburg PA
CBHW061146070526
44584CB00033B/4442